Heinz-Albert Heindrichs

Zikadenmusik

AF186816

Heinz-Albert Heindrichs

Zikadenmusik

Gedichte und No-tationen

Edition HIC<

Heinz-Albert Heindrichs
Zikadenmusik
Gedichte und No-tationen

Edition HIC<

Vom Autor durchgesehene Neuausgabe, 2017

Produktion: Creativity Cologne,
Marcellus M. Menke
marcellus.m.menke@gmx.de

Bibliografische Information der Deutschen
Nationalbibliothek: Die Deutsche Nationalbibliothek
verzeichnet diese Publikation in der Deutschen
Nationalbibliografie; detaillierte bibliografische Daten sind
im Internet über www.dnb.de abrufbar.

© 2017 Heinz-Albert Heindrichs
Layout, Covergestaltung und Satz:
Creativity Cologne, Marcellus M. Menke
Herstellung und Verlag:
BoD – Books on Demand, Norderstedt

ISBN: 9783744893343

Zur Neuausgabe

Die Zikadenmusik erschien 1978 in der Edition Xylos. Zehn Gedichte und zehn dazugehörige Grafiken: No-tationen. Die No-tationen wurden im gleichen Jahr zusammen mit den Texten in Düsseldorf in der Galerie Denise René ausgestellt. Zur Ausstellung erschien ein Katalog mit einem einführenden Text von Heiner Stachelhaus. Diesen Text stellt die Neuausgabe den Gedichten voran. Die biographischen Angaben der Originalausgabe wurden aktualisiert.

Nach der Musik

Zu den No-tationen von Heinz-Albert Heindrichs

Auf der zerbrochenen Harfe balzen jetzt Vögel – das Klavier ist ein Honigklavier – die verdeckelten Waben sind leer – entflohen die Schwärme der Weltharmonie – tonlose Leere – Musik das war der Versuch zu fliegen – Dies ist die „summa musica" eines Musikers – die zur Poesie verdichtete Erkenntnis, daß das Ende der abendländischen Musik besiegelt ist. In der modernen Musikgeschichte ist diese Entwicklung vorprogrammiert. Mit Schönberg ist das Harmoniesystem der abendländischen Kultur zu Ende gegangen; Stockhausen hat ihr melodisches Material überstiegen, als er mit Mikrointervallen operierte; John Cage schließlich hat alle musikalischen Parameter aufgelöst und auch die Form dem Zufall überantwortet.

Heinz-Albert Heindrichs ist als Dichter, Komponist und Zeichner tief mit diesem Prozeß vertraut. Das Bewußtsein, daß das Material der Metasprache Musik als ein im Abendland verbindliches Handwerk seine Existenz verloren, das heißt sich in allen seinen Elementen aufgelöst hat, ist indes bei ihm nicht mit dramatischen Posen verbunden. Vielmehr passiert in seinem Werk – den Gedichten und No-tationen – etwas, was zwar der Rigorosität seiner Erkenntnis vom Tod der abendländischen Musik entspricht, aber nicht in Tragik ausartet, sondern die Hoffnung auf eine neue Offenheit, auf einen übergreifenden, synästhetischen Zusammenhang von Kultur still beschwört. Heindrichs, der in seiner kompositorischen Praxis ein Meer von Noten geschrieben hat, artikuliert mit seinen No-tationen den Zustand nach der Musik.

Die No-tationen sind also keine Notenschrift, sondern signalisieren das Ereignis, daß die Musik mit ihren traditionellen Parametern ausgespielt hat. Heindrichs definiert dieses Ereignis als einen Akt der Auswanderung aus der Bedeutung der Notenschrift. Es ist ein motorischer, psychogrammatischer Akt, der die Notenschrift zwar ad absurdum führt, aber trotz dem von außerhalb der Musik etwas über den Zustand gegenwärtiger Musik aussagt.

Heindrichs hat die Notenschrift konsequent in die autonome, rein visuell wirkende Sprache der Zeichnung übertragen. Wie seine Gedichte in sich offen sind, so sind auch seine zeichnerischen Strukturen offen und als solche beispielhaft für jene Entgrenzung, die charakteristisch geworden ist für bestimmte Tendenzen der bildenden Kunst seit Ende der fünfziger, Anfang der sechziger Jahre. Die Überwindung der Komposition zugunsten des Aufzeigens konkreter Erscheinungen spielt in diesem Zusammenhang ebenso eine Rolle wie die Entwicklung einer freien „Schrift", einer skripturalen Malerei. Andererseits stehen die künstlerischen Untersuchungen von Mark Tobey und Paul Klee an diesem Weg.

Heindrichs bewundert insbesondere Klee, der ja auch ein ausgezeichneter Musiker gewesen ist. Ihn fasziniert, daß Klee das Phänomen der Zeitbewältigung – also ein primärmusikalisches Problem – ins Bild hineingeschleust und damit die akademische Vorstellung eines Bild- und Formausbaus überwunden hat.

Im Gegensatz zu Klee ist in den No-tationen nunmehr die Zeit aufgehoben. Es ist unwichtig, danach zu fragen, ob die Krakelüren, die als System von Spontanität und Zufall erscheinen, etwa spielbar sind. Das Material der Musik ist endgültig zersprungen. Heindrichs hat die Trümmer nicht aufgesammelt und neu zusammengesetzt, sondern er ist über die Trümmer hinweggegangen und hat eine Gratwanderung zwischen den Medien begonnen. Hier, in diesem sehr feinen Grenzbereich, bewegt sich Heindrichs als ein

Universalist, der aus tiefen Einsichten über den Zustand von Musik poetische und bildnerische Miniaturen von großer, suggestiver Eindringlichkeit schafft.

Poesie und Bildzeichen haben bei Heindrichs ihren Grund in der Musik. Mit seinen Gedichten beschreibt er gleichsam seismographisch die musikalische Endzeit. Mit seinen Nota-tionen läßt er indessen alle Prinzipien des musikalischen Handwerks, alle Ideale der Musik hinter sich: „Musik, das war" – Das Auswandern des Komponisten aus seinem Medium Musik, das Eintauchen in andere Medien – in die Zeichnung und ins Gedicht – für Heindrichs bedeutet es bewußte Selbstentäußerung. Sein Schritt ins Lautlose ist ein sehr mutiger Schritt; seine No-tationen sind eine künstlerische Tat; denn sie haben jedwede Musik in sich aufgenommen und gegenstandslos gemacht.

Ihr einzig gültiger Parameter heißt: Zeichnung, und zwar Zeichnung als Prinzip der Verinnerlichung und als Gleichnis für Unendlichkeit.

Heiner Stachelhaus im Ausstellungskatalog der Düsseldorfer Galerie Denise René Hans Mayer, Juli 1978

Zikadenmusik

Gedichte und No-tationen

1978

Auf der zerbrochenen Harfe

Auf der zerbrochenen Harfe
balzen jetzt Vögel
wie Hände
krähenfüßige Lautspur
ritzt
die verbogene Luft
Zufallsorakel
o Trauer der Freiheit
vom Himmel gefallener Engel

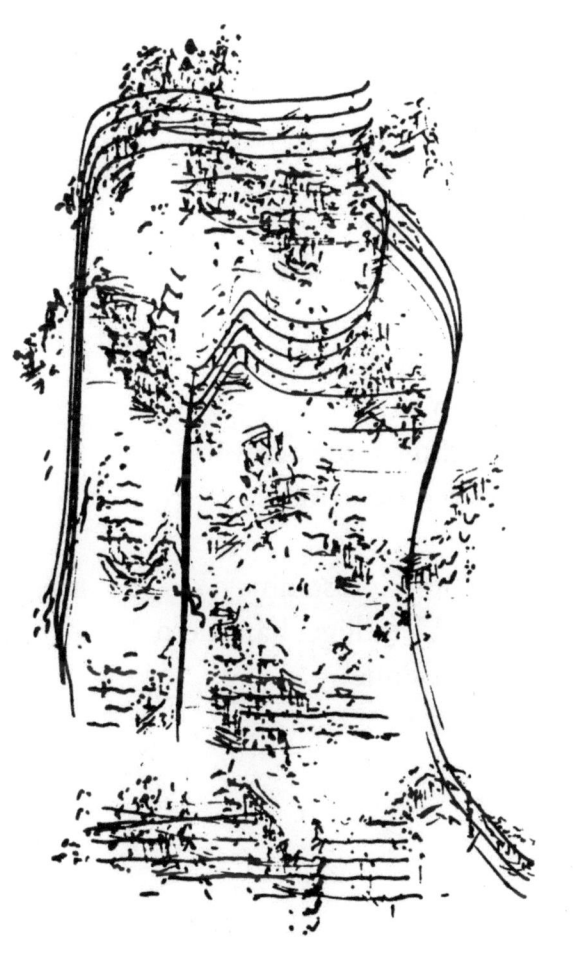

Mein Honigklavier

Mein Honigklavier
die verdeckelten Waben
sind leer
taub
entflohen die Schwärme
der Weltharmonie
Blei
ist im Goldstaub
die Herzflügel hämmern
zum Ende

Free Rock

Urweh rüttelt
den Käfig,
wie Fieber zuckend
bäumt sich
Ekstase,
erinnertes Chaos –

Sturmlauf in Fesseln
verzweifelter
Lust!

Morendo

Seit
die Vögel ersticken,
die Fische
verrecken im Wasser,
frage ich mich,
darf ich
noch lachen und singen?

Ich habe
die Antwort gefunden·
singen werde ich
gegen euch, lachen,
bis mir der A-
tem ver-
ge-ht, bis –

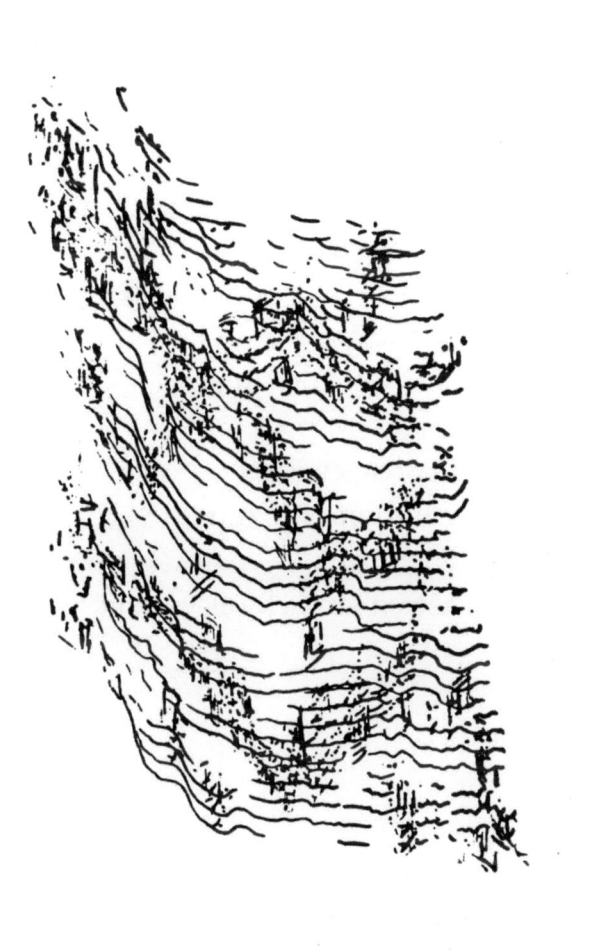

Mahler

Lichtseele Musik
die schwarze verschlungene
Sonne brach
im Meere der Augen

Harfengewitter
grünbronzene Aura
Posaunen
harren am Schweigemund

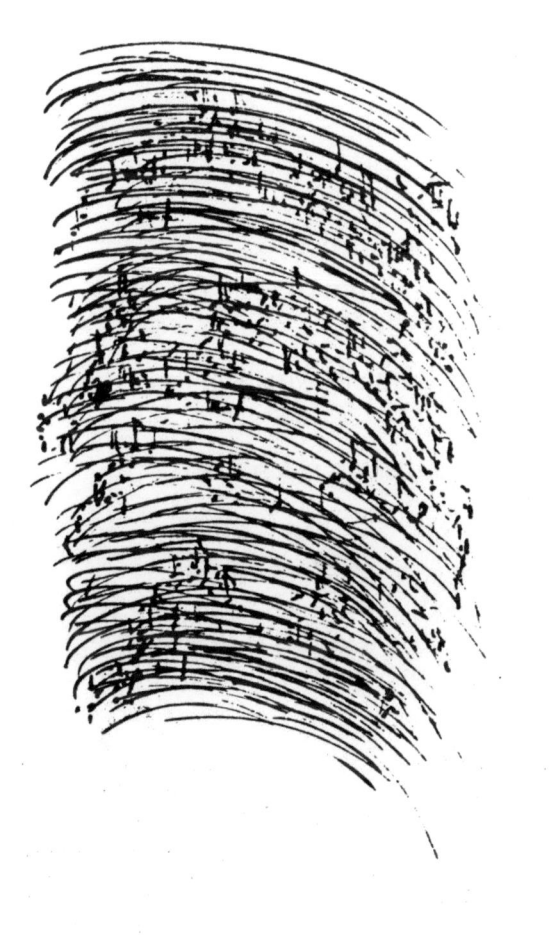

Fuga

Nimm mich
mit durch die Enge

Klangleib Musik

und setze mich über
in Stille

Zikadenmusik

Komm
und lock mich
mit Mandeln und Wein

ins Fenster duftet
der Garten
komm
und wieg mich
auf Pinienschaukeln

Mondgondel ankert
im Luftschoß
komm

Stoßpsalm

Sterbebucht kehlblau
wo ich
an Gottes
Felszungen schlage

Gebt mich ins Urgeklüft
Stoßpsalmen
brandet

Augenweiß
klaffen die Segel

Mit geschlossenen Augen

Mit geschlossenen Augen
stehen am Abgrund
Musik
im innersten Raum
vor der Stille
Angst
zu erfliegen
die tonlose Leere
Sturm läutet
im Herzen der Nacht

Ikarus

Musik das war
der Versuch zu fliegen
zu sprengen
die Säulen der Luft
das war
der Versuch den Bogen
zu spannen
den Atem zu fiedern
Musik das war –

ich stürzte
zum Ohrmuschelgrund

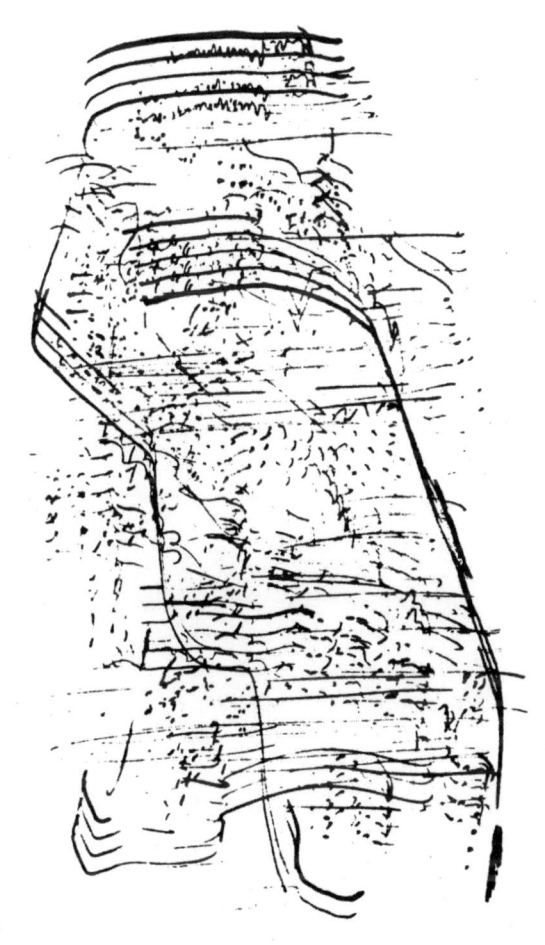

Kurzvita

Heinz-Albert Heindrichs, geboren 1930 in Brühl, Studium an der Universität Bonn (Germanistik, Musik- und Kunstwissenschaft) sowie an der Musikhochschule Köln Komposition (bei Rudolf Petzold und Frank Martin) und Dirigieren.

Berufliche Stationen: Filmkomponist in München, Kapellmeister in Essen und Wuppertal, freier Bühnen- und Hörspielkomponist; Lehrer für Komposition am Konservatorium Dortmund, für Schauspielmusik an der Folkwang-Hochschule Essen; seit 1966 Dozent und seit 1971 Professor und von 1975–80 Dekan des Fachbereichs «Kunst, Design, Musik» an der Universität Essen; ab 1983 Professor für «Musik und ihre Komposition» an der Universität und zugleich an der Folkwang-Hochschule Essen; seit 1996 im Ruhestand.

Wissenschaftliche Schwerpunkte:
Musiktheorie, Neue Musik, Synästhesie, Märchenforschung

Künstlerische Schwerpunkte:

I. Kompositionen: Orchester-, Kammer-, Chor- und Theatermusik; 25 Liederzyklen nach Gedichten von Ilse Aichinger, Ingeborg Bachmann, Jürgen Becker, Paul Celan, Günter Eich, Yvan Goll, Rolf Haufs, Ursula Heindrichs, Langston Hughes, Litaipe, Ernst Meister, Nelly Sachs, Sappho, Georg Scherer, Jesse Thoor, Georg Trakl.

II. Gesammelte Gedichte: erscheinen seit 2008 im Rimbaud Verlag.

III. No-tationen, Musikaquarelle, Palimpseste (aus Schrift und Notenschrift entwickelte Zeichnungen und Bilder); circa 50 Gruppen- und 40 Einzelausstellungen.

Heinz-Albert Heindrichs im Rimbaud Verlag

Gesammelte Gedichte Band I–XIX

Band I, Traumschutt / In der Kelter.
116 S., geb., 2010. ISBN 978-3-89086-515-7

Band II, Fort von wo / Verloren die Form.
116 S., geb., 2010. ISBN 978-3-89086-502-7

Band III, Honigklavier / Vor der Stille.
116 S., geb., 2008. ISBN 978-3-89086-547-8

Band IV, Unter dem Horizont / Weil es dich gibt.
116 S., geb., 2008. ISBN 978-3-89086-536-2

Band V, Aus der Rosenschlucht / Über die Lichtung.
116 S., geb., 2009. ISBN 978-3-89086-529-4

Band VI, Du nicht zu halten / Weißt du das Wort.
116 S., geb., 2010. ISBN 978-3-89086-528-7

Band VII, Die Nonnensense. Laut- und Unsinnsgedichte.
140 S., geb., 2008. ISBN 978-3-89086-535-5

Band VIII, An mich / Flugpost.
116 S., geb., 2009. ISBN 978-3-89086-527-0

Band IX, Atem für Atem / Von Jahr zu Jahr.
116 S., geb., 2009. ISBN 978-3-89086-523-2

Band X, Erinnern Erwarten / Je dunkler es wird.
116 S., geb., 2009. ISBN 978-3-89086-521-8

Band XI, Verhüllte Sonne / Blühender Staub.
116 S., geb., 2010. ISBN 978-3-89086-503-4

Band XII, Über uns in uns / Vor niemandes Ort.
116 S., geb., 2010. ISBN 978-3-89086-504-1

Band XIII, Gezählte Tage / Im freien Fall.
128 S., geb., 2012. ISBN 978-3-89086-456-3

Band XIV, Frühe Gedichte.
160 S., geb., 2012. ISBN 978-3-89086-455-6

Band XV, Coda I / Coda II. Gedichte.
118 S., geb., 2013. ISBN 978-3-89086-441-9

Band XVI, Sterngefieder / Die Ferne so nah. Gedichte.
116 S., geb., 2014. ISBN 978-3-89086-407-5

Band XVII, Grün vor Blau / Über die Grenze. Gedichte.
116 S., geb., 2015. ISBN 978-3-89086-371-9

Band XVIII, Miteinander / Wer weiß wohin. Gedichte.
116 S., geb., 2017. ISBN 978-3-89086-349-8

Band XIX, Die Nonnensense I · II.
Laut- und Unsinnsgedichte.
254 S., geb., 2017. ISBN 978-3-89086-344-3